나에게 선물을 준다

작가 이인희

시작하며

<하늘에는 별이 반짝이고, 바다에는 진주가 감추어져 있다.
그러나 내 마음 속에는 사랑이 가득하다>라는
싯귀는 중학교 2학년 여름 방학에 숙제로 만들어간
나의 시집 노트에 적혀 있었는데 시를
쓴 이의 이름도 모르는 그 시가 오래도록 가슴 속에 간직이 되며
지금까지 나의 블로그 포스팅에까지 이어지고 있다.
이걸 붙잡고 여기까지 왔다고 하면 너무 구태의연한가.
그런데 나는 그랬다.

자기를 지탱해주는
한 마디,
한 사람,
하나의 책,
하나의 그림이 있다면
좌절하지 않는다고 누군가 말했다.

내가 넘어지고 좌절해도 일어설 수 있던 힘과 용기는 모두
중2때 만든 시집에 들어 있던 것이다.
이렇게 책을 내게 되었다. 졸필이라 많이 부끄럽다.
그러나 여기 실린 것들이 늘 기죽어 하고 고단한 나를 다독여
주고 채찍질을 해주었다.
그래서 여기까지 왔다. 블로그를 하면서 많이 깨닫고 배웠다.
주님께 감사하고, 가족에게 고맙고, 나의 주변에 연계해 있는
모든 분들께 감사드린다. 민들레나라 출판사 선경 후배에게
미안하고 고맙다.
나는 더 나아가고 더 사유하고 더욱 묵상할 것이다.
마음 속의 사랑을 겉으로 꺼내 나의 주변에
흔쾌히 나누어 주려고 노력하겠다.

하늘의 별과 바다의 진주와 함께!

목차

Ⅰ. 하루 또 낯선 하루

수니온 곶에서 / 10
꽃길만 가고 싶다 / 12
교동도 여행 / 15
바쁜 날 / 19
야나강의 뱃놀이 / 21
모넴바시아 / 23
비아 델 코르소 (Via del Corso) / 25
홋카이도 후라노 / 28
비엔나의 카페 첸트랄 / 32

Ⅱ. 내 삶에 오아시스

오후의 티 파티 / 36
프랑스 파이 갈레트 / 39
정자동 레스토랑 / 43
치즈 그라인더 삽질 / 47
독일의 슈니발렌과 인천의 오도독 / 50
나는 손이 작다 / 56
동경우동, 을지로 맛집 / 60
산사에서 먹다 / 63
용정에서의 점심 / 69
민어 횟집에서 / 71

Ⅲ. 봄밤의 칩거

봄밤의 칩거 / 76
동네 책방 <책방 오늘> / 79
클라라와 태양을 / 83
슈만, 내면의 풍경 / 88
올더스 헉슬리의 영원한 철학, 독서 토론회 / 90

닉센, 아무것도 안하기 / 93
정독도서관 주변에서 / 95
다시 무서록을 / 98

IV. 나에게 선물을 준다

2년 반이 된 스킨답서스 / 106
보라색 우선국(Aster) / 108
학예발표회에서… / 111
가을, 낙엽 그리고 사랑 / 115
뜻밖의 선물 / 118
꽃무릇 / 121
흑백 사진과 커피 / 125
포니 2 픽업 / 127
낙상홍 / 130
유럽풍 앤티크 전문점 / 132
오랜 인연 / 136
골목길 나무 벤치 / 140
나에게 선물을 준다 / 144
맨드라미 홀로 피다 / 147
봄의 전령사 매화 / 150
보키와 강아지 해외입양 / 152
아티스트의 영감과 나의 단상 / 156
책도 날이 있다 / 160
식탁을 얻었다 / 163
동창들을 만나다 / 167
전설의 의상실 / 174
길상사를 가다 / 179
오래된 시계 수리점 / 183
꽃 미용실 / 187
재래시장 여행을 손꼽아 기다리며 / 195

I
하루 또 낯선 하루

가끔 카뮈를 추억하며

나는 책장을 한 장 한 장 넘기고 있다.

수니온 곶에서

황량한 땅에서 핀 꽃은 더 아름다운가 보다.

바닷물빛을 머금은 꽃이 아찔하게 나를 파고든다.

요즈음 내밀기 시작했다는 봄꽃은 세월의 무상함을 빗겨 있다.

3차 페르시아 전쟁에서 왜 페르시아인들이 갈 길 몰라하였는지 알 것 같다. 페르시아인들이야 그렇다 치고, 푸른 바다와 파란 하늘을 바라보며 마음을 다잡는다.

바다나 하늘이나 다 길이 있는 것을.

보이지 않더라도…

꽃길만 가고 싶다

이른 아침

여의천 산책길을 걷다가 옆길로 샜더니

청계산으로 가는 길이 나왔다

보키가 뿔뿔뿔 다니며 만나는 꽃들마다 입맞춤하느라 정신이 없다.

그리움이 깊을수록 먼 여행을 떠나는 걸까?

교동도 여행

아침에 집안 청소를 마치고 불현듯 집을 나섰다.

버스를 타고 강화 교동도로 향했다.
472번, 3000번, 70번을 타서 당도한 곳이 대룡리 시장이다.

이곳 교동도는 미세먼지 하나 없이 해가 쨍한 날씨였고
구름은 유럽의 하늘을 연상케 할 만큼 뭉게뭉게 아름다웠다.

지난해 상반기 중에 꼭 오고 싶었는데 이리저리 바쁘다 보니
그만 놓친 곳.

나는 북녘이 바라보이는 인사리의 경계선을 보는 것이 최종의
목적이었다. 하지만 다큐멘터리 프로젝트를 다 끝내고 뒷북으로
여기 서게 된 것이다.

인사리의 경계선은 철조망으로 싸여있고 밋밋해서

생각보다 시시했다.

그러나 세 번째 오는 것에 의미를 둔다.

가끔 찾는 교동도.

논의 벼가 녹색 물결을 이루고,

녹음방초가 우거지고 구름마저 멋진 계절에 온 것은 처음인데

역시 내가 상상하던 분위기여서 흡족했다.

다만 강화를 잇는 다리가 생기면서 여기 교동도에도 변화의

바람이 거세어 시골의 정겨운 정취까지 다 앗아갈까 염려스러운

마음이 들었다.

내가 일곱 살부터 아홉 살까지 살았던

고향같이 느껴지는 교동도를

마음이 허틋할 때마다 찾는다.

내게 안식을 주는 중요한 곳이다.

바쁜 날

하루 종일 바빴다.

일찍 일어나 걷고 와서 빨래를 한 다음 책을 잡았다.

책은 <화가가 사랑한 파리 미술관>이다.

반쯤 읽었을 때 이 책을 들고 파리의 미술관을

다시 찾고 싶은 충동이 일었다.

시간이 빠듯해서 맥도널드에서 햄버거로 저녁을 먹고

부랴부랴 예술의 전당으로 가서 독일 가곡을 만났다.

그 품위와 차분함과 겸손함이 고스란히 전해지는 시간이었다.

그리고 밤늦은 시간까지 지인들과 음악회를 얘기하다가 헤어졌다.

바쁜 날이었으나

그래도 꽤 좋은 시간으로 채워진 하루다.

야나강의 뱃놀이

야나가와 가와쿠 다리.

작은 강을 도는 코스였다.

일본의 전통 집과 강의 나무들이 어울려

강폭이 작지만 아기자기하고 아름다웠다.

여기 나무들은 벚이 많아 봄에는 장관이라고 했다.

이들은 이곳을 일본의 베니스라고 부른다는데

나는 암스테르담의 운하를 도는 배와 더 비슷해 보였다.

뱃사공 할아버지의 설명과 노래가 나름 일품이다.

강을 돌면서,

작은 것 하나 놓치지 않고 상품화하고

그것을 진지하게 바라보는 일본 사람의 근성이 은근히

얄밉기까지 하였다.

그리고 이렇게 추억을 쌓게 한다.

모넴바시아

펠로폰네소스 반도 동쪽 끝에 붙어 있는 작은 섬,

그리스의 모넴바시아는 출입문이 하나밖에 없다.

어느 정도 가다가 길이 막혀 있다.

그러나 그 문을 통과하면 아기자기하고 고풍스런 돌집들이 나온다.

그리스정교회 회당부터 시작하여 작은 골목마다 카페,

기념품점, 호텔 등이 여행객을 반긴다.

매우 강한 바람이 불어 불안한 마음에 흠뻑 즐기지 못했으나

두브로부니크, 체스키크룸로프,

아시시와는 사뭇 다른 느낌의

돌계단, 골목, 돌가옥 등등... 많이 생각날 것 같다.

모넴바시아의 바람과 바다와 돌집이 생각나는 아침이다.

그나저나 서울집의 보키는 나 없이도 잘 있는 걸까…

비아 델 코르소 (Via del Corso).

한니발과 직접 맞서다 전사한 플라미니우스가 건설한

로마 시내의 직선 도로다.

포로 로마노에서 테베레 강까지 5.5 킬로미터가 된다.

지난번 이탈리아 여행에서 마차가 다니던 일직선의 길이라고

설명을 들으며 트레비 분수까지 갔었다.

카이사르 시절의 로마는 인구가 100만 정도 되었다는데

이런 도로를 통해 짐을 운반하였다.

주로 밤에 짐이 옮겨졌고 생필품이 마차의

주요 내용물이었다고 한다.

낮에는 아녀자와 신체가 불편한 사람만이 마차를 이용하였다.

당대 로마 최고사령관 카이사르조차 낮에는 로마에서 걸

어 다녔다고 한다.

시오노 나나미의 로마인 이야기 5권

율리우스 카이사르 편에도 나오는

코르소 거리라 더 반갑다.

그래, 길은 뚜벅이로 걸어야 제 맛이지.

보키랑 함께 걸어가는 아침이 벌써 그리워진다.

홋카이도 후라노

홋카이도 중에서 후라노에 방문하는 일정은
그곳의 라벤더를 보기 위함이다.

그러나 아쉽게도 라벤더는 꽃망울만 맺혀 있고
아직 꽃이 만발하진 않았다.

후라노의 농장에 일부러 재배를 하여 생긴
라벤더는 그래도 꽃이 만개했다.
자연적으로 형성된 라벤더 들판은 아니지만
노력의 흔적이 가상하다고 느껴졌다.

크로아티아 흐바르섬의 라벤더 들판,
프랑스의 그라츠의 라벤더 들판과는 상이할 것 같은
후라노의 라벤더 밭인데 관광객을 모으는 데는
성공했다고 볼 수 있다.

나와 친구들도 이 후라노를 가기 위해
치토세 공항을 이용하여 노보리뱃츠까지 보는 일정을
패스했으니까.

실제 라벤더 들판의 모습이 빈약하여
사진에 담겨있는 라벤더 밭을 찍어 이를 대신 즐겼다.
후라노에는 라벤더를 재배하는 농장이 여럿 있다고 하는데
그 중 토미타 농장을 구경하였다.

라벤더 아이스크림이 괜찮았고,
속이 붉은 머스크멜론도 소분하여 팔았는데 먹어보니
꽤 달고 맛이 좋았다.

후라노는 홋카이도의 중심에 있다고 하여
홋카이도의 배꼽이라는 별칭이 있다고 한다.

또한 그리스 델포이의 옴팔로스가 떠오르기도 하였다.

내가 지나가면 시간도 지나가고
보라색 라벤더 꽃이 만발하게 피겠지.

비엔나의 카페 첸트랄

카페 첸트랄은 유명하다.

카페 자허, 카페 데멜, 카페 뮤제움, 카페 모차르트와 더불어

관광객이 많이 찾는 비엔나의 명소다.

특히 카페 첸트랄은 입구에 알텐베르크라고 하는

비엔나의 작가가 자리를 함께 한다.

알텐베르크는 눈만 뜨면 이곳을 찾았다고 한다.

여기 카페 첸트랄에 와서 신문을 읽고 커피를 마셨다.

그래서 그를 기념하는 밀랍 인형이 고객과 함께 한다.

참으로 재미있다.

또한 동물의 뼈처럼 생긴 것으로 이루어진 궁륭이

어찌 그리 멋있던지 감탄하며 보게된다.

여기는 대리석으로 된 탁자에 손님마다
하얀 프란넬 식탁보를 깔아준다.
그것이 고객을 대접하는 큰 서비스다.

격조가 있고 아름답다.

멜랑쥐 등 커피를 시키면 초콜릿을 준다.
이 초콜릿은 특히 에스프레소를 먹을 때 아주 유용하다.

여러 번 지나갔으니 또 들어가서 커피를 마실 수는 없었다.

나는 그곳에 또 가고 싶다!

II
내 삶에 오아시스

오후의 티 파티

가끔 손님을 집으로 청한다.

식사를 대접하고 차를 마신다.

점심과 저녁 사이의 Afternoon Tea는 아니지만

그 흉내를 내서 마신다.

이때부터 이야기는 꽃이 핀다.

그간에 지냈던 이야기, 세상 돌아가는 이야기,

식구들, 친구들 이야기 등...

차를 여러 번 우리기도 하고

티백을 새로 뜯어서 다시 마시기도 한다.

이렇게 하는 일이 재밌고 즐겁다.

그래서 곧잘 집에서 오찬을 나누고

차를 마신다.

밖에서 먹는 것보다 비용이 적게 들고

오붓한 시간을 보낼 수 있어서

나는 기꺼이 이 놀이를 집에서 하고 또한 즐긴다.

보키가 손님들 왔을 때 난장판을 치지 않아 다행이다.

이제 곧 연말을 보내며 여러 번 손님에게 티 파티를

청할 계획이다.

프랑스 파이 갈레트

나에게 선물을 준다

갈레트는 프랑스 브르타뉴 지방에서부터

유래된 파이 또는 케이크라고 한다.

크루아상같이 얇은 파이 층을 여러 겹으로 하고

거기에 아몬드 가루를 주재료로 한 반죽을 넣고

오븐에 구우면 완성이 된다.

갈레트는 크리스마스가 지나고 먹기 시작해서 정초까지 먹는다.

프랑스 브르타뉴 지방은 비가 많이 오고 초지는 많지만

작물이 잘 자라지 않은 지형 때문에 농작물 수확이

어려웠다고 하는데 중국이 원산지인 메밀이 이슬람을 거쳐

십자군 전쟁 때에 이 지방에 들어와서 자라기 시작했다고 한다.

그래서 예전의 갈레트는 메밀로 만들었다고 하는데

지금은 밀가루가 주재료로 쓰인다.

오래전에는 갈레트에 도자기로 된 작은 인형을 넣고 만들어

그 인형이 걸린 사람을 그날의 왕으로 뽑고 게임을 하는

풍습도 있었다고 한다.

중국 등 아시아 지역의 포춘 쿠키처럼…

또한 겨울에는 동네마다 갈레트를 많이 구워서

가난하고 어려운 사람들에게 나누어 주는 풍습이 있었다고 한다.

이제 갈레트 데 루아는 세계적으로 인기가 있는

케이크가 되었고, 크리스마스에 먹는 독일 드레스덴이

원조인 슈톨렌, 이탈리아 밀라노로부터 시작되었다는

파네토네와 함께 연말연시에 대표적으로 즐기는 케이크가 되었다.

우리나라에서도 이젠 흔하게 접하고 즐긴다.

갈레트는 갈레트 데 루아로 시작해서
갈레트 브르통, 갈레트 사브레 등도 있다.

몇 년 전에 브르타뉴 지방의 유명한 수도원인
몽 셀 미셸의 상점 거리에 갔을 때 사왔던 철제상자는
갈레트 사브레가 담겼던 것이다.
그리고 이번 연초에 먹은 갈레트는
도곡동의 유명 제과점 제품인데 선물로 받아서
아주 잘 즐기며 감사한 마음으로 먹었다.

우리는 연초에 떡국, 빈대떡, 한과 등을 먹는다
엄마와 동생들과 만든 빈대떡과 떡국이 생각나는 아침이다

어릴 적의 생각에 잠시 눈물을 짓는다.

정자동 레스토랑

성가대 친구 재희를 만났다.

미순은 오르간을 연습한다고 나오지 못했다.

재희가 예약한 정자동의 식당에서 점심을 먹게 되었다.

미켈란 주상복합 2층에 있는 그리 크지 않은 레스토랑이었다.

1인당 34,000원의 런치 코스인

할리벗(넙치) 구이가 메인요리였는데

코스마다 나오는 요리가 조촐하고 맛이 좋았다.

식전 빵도 이 식당에서 직접 만든 캉파뉴였고

가지 무니에르, 렌틸콩 수프, 참외 샐러드,

할리벗 구이, 당근 케이크와 셔벗이 아주 맛있었고

플레이팅 또한 그만이었다.

음료는 페퍼민트와 커피 중에 선택하라고 했는데

재희와 나는 커피를 주문하여 마셨다.

가격을 대비하여 맛, 플레이팅,

음식의 재료가 매우 만족스러운 식당이었다.

다만 장소가 그리 크지 않아 예약이 꼭 필요하다고 하였다.

파리 마레 지구에 있는 입소문으로

유명한 레스토랑 못지않았고 주인이 직접 서빙을 하고

음식도 빵도 만들었다.

마음에 쏙 드는 레스토랑이다.

재희는 수지에서 우리 교회까지 다녔고

나와 성가대를 같이 하며 일요일 오후를

꽤 자주 같이 보냈었다.

싱글로 지내다가 뒤늦게 혼인을 하여

지금은 고기리에 그림 같은 저택을 짓고

아주 잘 살고 있어 얼마나 흐뭇한지 모른다.

나와의 돈독했던 관계를 잊지 않으며

지금도 이렇게 가끔 만나는데

신앙 바르고 바지런하고 똑똑하여

배울 점이 많은 신앙의 동지이자 후배다.

어제 먹은 밥과 아티제의 캐머마일 차는

모두 재희가 샀다.

고맙고 기뻤으며 덕분에 매우 즐거웠다.

이렇게 좋은 만남은 시간이 가는 줄 모른다.

조금 이야기를 한 것 같은데

어느새 훌쩍 저녁 시간이 되었다.

치즈 그라인더 삽질

몇 년 전부터 치즈 가는 도구를 사려고

시장조사를 여러 번 했다.

생각보다 은근히 비싸서 차일피일 미루고 보기만 했었다.

그러다가 작년에 파리 쁘렝땅 백화점에서

 작은 것을 하나 구입했고

그 여행 기간에 암스테르담에서 스푼 셰입으로도

또 가져오기에 이르렀다.

그러나 이것들은 실제에 있어 다소 불편했다.

워낙 작았기 때문이다.

그래서 별 수 없이 제대로 된 것을 하나 더 살 수밖에 없었다.

오른쪽의 치즈 그라인더는 며칠 전에

이마트에서 하는 <자주>에서 구입했다.

가격도 착하다. 일금 만원.

쓰기에도 편하고 좋다.

이제야 제대로.

이렇게 하여 치즈 그라인더의 삽질은 끝이 났다.

독일의 슈니발렌과 인천의 오도독

독일의 로텐부르크는 독일 남부에 있는 동화 같은 마을이다.

내가 처음 이곳을 찾았을 때가 겨울이었다.

여기에서 <글뤼바인>이라고 하는 따뜻한 포도주를 시음해 보고

<슈니발렌>이라고 하는 튀김과자를 먹어보라고 권하였다.

이들은 줄여서 <슈니발>이라고도 했다.

슈니발렌은 밀가루 반죽을 길고 납작하게 뽑아서

기름에 넣고 튀긴 다음, 야구공 만큼씩 둥글게 만든 튀김과자다.

슈니발렌 (Schneeballen)이라는 말이

<스노우볼>이라는 뜻이라 하니

이 과자가 더 확실하게 짐작이 되었다.

과자가 완성이 되면 여기에 여러 가지 부재를 덧입힌다.

슈거파우더를 다 덮기도 하며 초콜릿 시럽을 얹어 만들기도 한다.

그 외에도 여러 가지를 과자 외피에 바른다.

슈거파우더, 초콜릿 시럽 등으로 다양하게 맛을 더한
각종의 슈니발렌을 파는 상점은 눈요기가 될 정도로
참 아름답게 슈니발렌을 진열하여 많은 관광객이
하나씩 사 먹으며 가게 안을 둘러보는 즐거움이 있었다.

나는 이 슈니발렌을 두 개 사서 먹었는데
그때에 인천여고 정문 앞에서 사먹던
여고시절의 오도독이 바로 떠올랐다.
튀김과자라는 점에서 비슷하지 않은가.

우리나라에도 슈니발렌이 상륙을 했다.
유명 백화점의 식품 코너에서 이걸 팔고 있는데
둥근 통에 담아 주며 이 과자를 깨 먹으라고
망치를 주기도 하고 팔기도 한다.

이 과자를 처음 보는 사람들은 신기하여
슈니발렌에 열광을 하고,
로텐부르크에 다녀온 사람들은 추억을 떠올리며
과자를 사고 있다.

어떤 백화점 코너는 이걸 사느라 줄을 서는
진풍경이 벌어지곤 한다.

깨뜨려 먹는 과자라는 이미지로 슈니발렌을
마케팅을 하니 재미있는 모양이다.

우리 집에서도 얼마 전에 이 과자를 아이들이 사 왔다.
초코가 코팅된 것과 녹차 초코, 그리고 그야말로 스노볼처럼
하얀 설탕 파우더가 잔뜩 묻은 슈니발렌이 통에 들어 있었다.

망치를 사지 않았으므로 가위로 깨면서 먹었는데
토핑 때문인지 너무 달아서 그리 좋지는 않았으나
아이들은 유쾌해하며 즐겼다.

슈니발렌과 오도독의 차이를 떠올려본다…
마케팅과 홍보라는 것의 차이일까.

슈니발렌 덕분에 오랜만에 옛 추억을 소환해보는데 우리집
보키가 그런 나를 빤히 바라보며 꼬리 짓을 한다.

두 달밖에 되지 않은 보키를 처음 집으로 데리고 올 때
뭐하나 이쁜 구석이 없었다.
하지만 시간이 갈수록 정이 들어버린 보키도
딱 오도독처럼 수수하기만 하였다.

오자마자 시름시름 앓아서 우리 애들을

애태운 것을 생각하면 뭐 그렇지만 나는 보키에게

오도독처럼 어느새 정이 들어버렸다.

나는 손이 작다

지난 토요일에 말러 카페 음악 감상회가 있었다.

그곳에 가면 매번 소소한 다과가 있다.

오후 7시에 모였기에 식사를 못하고 오는 분들이 떠올라

허기에 도움이 되라고 흑임자 찹쌀떡을 일부러 사 갔다.

주최 측의 다과가 펼쳐지기도 전에

하늘나리님이 무화과 두 박스와

막걸리를 넣고 빚은 기증 떡을 큰 박스로 하나

가득 가지고 왔으며 음료수까지 준비를 해왔다.

목포에서부터 왔으니 택시를 타고 고속철을 타고

또 택시까지 타고 왔단다.

하늘나리님은 매번 진짜 고맙고 대단하다.

얼마나 감사한지 모르겠다.

무화과에 입맛을 들여놓은 터에 현지 생산 것을

꼭 가져오고 싶어했고

기증 떡(목포에서는 기정 떡이라고 한다고 함)도

바로 빼 와서 온기가 서려 있었다.

둘 다 맛이 있고 좋았다.

부피도 비용도 내가 장만한 흑임자 떡은

어찌나 작던지 손이 부끄러웠다.

난 속으로 민망하고 창피했다.

그러나 나의 여러 가지 상황이

그럴 수밖에 없는 것에 대해 생각했다.

흑임자 떡의 박스처럼 내가 작은 사람이 된 느낌이었다.

평범한 서울살이 아주머니이기에 손이 작다.

그렇지만 내 사정에 넘치지 않게 살려고 노력한다.

궁상맞은 것도 싫다.

그저 내 분수껏 살아가고 있다.

매번 생각을 많이 하고 돈을 쓴다.

그러다 보니 통이 크지 않다.

어쨌든 내가 가져간 흑임자 떡은 정말 적고 귀여웠다.

그러나 하나 먹어보고 그냥 멈추는 사람은 없었다.

떡이 고소하고 맛있었으니 금방 동이 났다.

그래도 떡이 맛있다는 인사는 많이 들었다.

그것으로 움츠러들었던 내 마음이 펴지는 것 같았다.

어깨를 펴고 살자고 다짐해 본다.

그리고 분수를 지키고 살자고 다시금 되새긴다.

동경우동, 을지로 맛집

노포, <동경우동>.

을지로 3가에서 인현동으로 올라가는 길목에 위치한
60년이 넘게 운영하고 있는 집이다.

요즘 이곳이 레트로 감성을 자극하는 핫플이라고
하는데 동네가 뜨면서 이 집의 셋값이 올라가서 가격에
영향을 받을까 나는 은근 걱정을 한다.

우동 가격이 4,500원이다.

가격만 보고 보통의 포장마차 수준이라고 보면 큰 오산이다.

국물이 그윽하고 진하며, 우동면빨이 매우 좋다.
그리고 단무지, 오이피클, 깍두기가 늘 정갈하다.

우동 그릇도 한식기를 쓴다.

주인의 철학이 돋보이는 집이다.

이 집을 안 지 30년이 넘는데 예나 지금이나 여전하다.

동경우동은 을지로3가역 8번 출구로 나오면 바로 맞닥뜨린다.

우동과 더불어 한 잔씩 파는 백화수복이 정겹다.

정종 때문에 술 좋아했던 아버지 생각도 나고…

여긴 긴자의 뒷골목에서 만나는 우동집 같다.

그러나 얼마 전에 동경우동 근처를 지나갔는데

건물이 헐려 있었다.

당분간 쉬는지, 그리고 다시 하는지… 알 수는 없었다.

무척 서운하였다.

산사에서 먹다

산사에서 발우공양을 받았다.

구파발역에서 내려 한참 걸어가면 만나는 진관사였다.

사찰음식의 정갈하고 소박하며 겸손한 음식을 만나게 되니 저절로 옷깃을 여미게 되었다.

화학조미료는 물론이고 파, 마늘을 쓰지 않고
제철의 식재료(식물)로 만들어진 음식이었다.
칼칼한 맛은 고추씨를 사용하고
배즙으로 달달한 맛을 냈으며 아주 약하게
고춧가루로 만든 김치가 일품이었다.

방금 뜯어서 식탁에 올라온 민들레 줄기와. 잎,
연하디연한 상추가 식욕을 은근히 돋게 했고
가죽나물, 연근조림, 가지전, 두릅 등이 어쩜 그렇게

신선한지 놀라웠다.

또한 냅킨, 손을 닦을 수 있는 촉촉한 손수건도
얌전하고 품격이 그렇게 넘칠 수가 없었다.

음식은 제철에 나는 재료로 만들어
때때마다 조금씩 다르다고 하였다.

이날은 봄철 재료의 절정이라고 했다.

산사음식연구소에 들어가니
음식을 관장하는 스님이 우리를 환영해 주고
식재료에 대해 차근차근 차분하게 설명해 주어
그것 또한 인상 깊고 감사했다.

진관사는 산사 음식을 오래도록 연구하고 있으며

국행 수륙재가 유명하여 무형문화재 126호로

지정되어 있다고 하는 유서 깊은 사찰이다.

비가 오고 난 후의 신록이 아름다워

산사 음식과 더불어 더욱 좋았다.

오래도록 음식을 연구하고 이화여대 식품영양학과에서

후학을 가르친 이종미 명예교수님과의 인연과 초대로

이곳을 오게 되었다.

우리 것에 대해 자부심이 느껴지는

한 끼의 발우 공양의 현장이었다.

또한 품위가 넘쳐 음식 앞에서 경건한 마음을 갖게 되었다.

무척 감사하였다.

그리고 내면까지 가다듬어 공손해지게 했으며
조신한 마음을 갖게 했다.

밥과 되직한 비지찌개까지 합해 스물한가지 음식이라고 했다.
조촐하면서도 슴슴하고 정갈한 음식이 은근히 많았지만
다 먹고 나서도 속이 편했다.

정말 잊지 못할 것 같은 귀한 음식 체험이었다.

진관사의 경내가 조용하고 아름다웠다.
비가 내리고 있어 신록이 유난히 더 상큼했다.

난 뒷북을 치며 산다.

늘 그렇다.

용정에서의 점심

우리나라 독립운동의 근거지 중 한 곳인
북간도의 용정은 해란강, 일송정이 있는 곳이며
윤동주 생가 기념관도 있다.

여기서 점심을 먹었는데 된장국에 돌솥밥,
그리고 여러 반찬이 푸짐하다.

우리네 향토 음식 같았고 맛은 식재료의 특성을
많이 살리고 있고 투박한 토기에 담겨진 음식이 정스러웠다.

알콜이 들어가지 않은 막걸리는 걸죽하며 달았는데
마치 우리나라의 쿨피스 같았다.

선열들이 목숨을 걸고 활약했던 북간도의 중심도시 용정에서
과분하게 먹었다.

민어 횟집에서

인천 신포동 뒷골목의 민어 횟집을 갔다.

아트센터 인천의 힐러리 한 연주회를 보고

같이 갔던 말러 카페 일행과 함께,

한 분과 인사를 나누게 되었다.

인천 화도진도서관의 박 선생님이었다.

겨울이므로 따끈한 국물 생각이 난다고 하자

신포시장의 뒷골목으로 우리 일행을 데려 갔다.

민어회를 하는 집으로 가서 회와 지리를 먹었다.

꾸둑꾸둑 말린 알, 시사모튀김, 간재미찜,

간이 적당한 명란젓, 고슬고슬한 콩밥이

얼마나 맛이 있고 푸근하던지 빗장을 풀고 마음껏 먹었다.

주인아주머니, 며느리, 돕는 아주머니의
정성과 친절함도 인상이 깊었다.

아주 좋은 소박하고 서민적인 민어 횟집을 알게 되어
여름이 되기 전에
여고 친구들과 다시 방문하고 싶고
아울러 박 선생님을 꼭 모시고 싶다.
초면에 신세를 크게 졌으므로.

또한 인천의 개항부터 지금까지의 역사를 들으며
공연히 부끄럽고 미안할 수밖에 없었다.
인천이 내 고향이라고 해도 도통 아는 게 없으니…

그리고 뭔지 모르게 뭉클해졌다.

Ⅲ
봄밤의 칩거

봄밤의 칩거

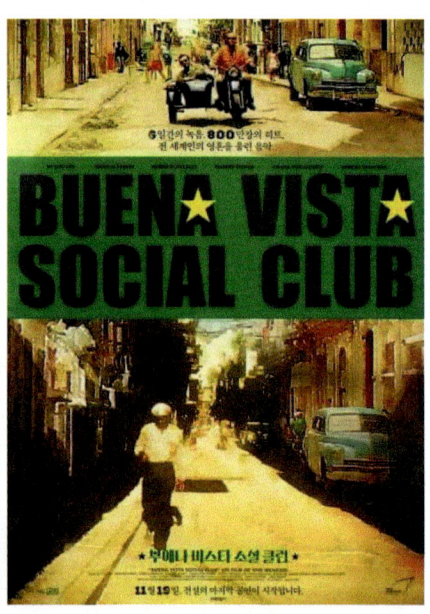

이번 칩거 기간에 두 영화를 찾아서 봄밤을 즐겼다.

빔 벤더스의 다큐멘터리 <프란치스코 교황>을
영화관에서 보고 나서 무척 인상 깊어
빔 벤더스 감독의 필모그래피를 살폈더니
그의 대표작으로 <베를린 천사의 시>와
<부에나 비스타 소셜 클럽>을 꼽아 주었다.

<베를린 천사의 시>에 나오는 천사 중 한 명이
브루노 간츠였다.
브루노 간츠는 지휘자 클라우디오 아바도 추모식에서
휠덜린의 시를 낭독한 독일 배우 아바도와 친분이
두터웠다고 한다.

<부에나 비스타 소셜 클럽>은 다큐멘터리 영화.

쿠바의 뮤지션들이 얼마나 좋던지

두 번이나 감동의 눈물을 흘리며 보았다.

그들의 보컬과 뮤지션들의 연주가 심금을 울렸다.

특히 <엘 콘도르 파사>와 <퀴사스 퀴사스 퀴사스>는

귀에 익어 좋았다.

보컬 이브라힘 페레르는 거리의

<냇 킹 콜 (Nat king cole: 미국의 재즈가수 겸 피아니스트)>

이라 했는데 진짜 그랬다.

내게 봄밤의 칩거는 달콤하다.

동네 책방 <책방 오늘>

보키를 데리고 산책을 하는 중에 책방을 발견했다.

<책방 오늘>이라는 곳이다.

처음 봤을 때는 문을 열지 않아 그냥 지나쳤으나

지난주에는 들어가서 구경을 했다.

책을 소개하는 문구를 많이 붙여놓고 있었고,

안쪽으로 책걸상이 마련되어 있어

모임이 있을 것 같았다.

주인에게 물어보니

독서 토론회, 시 낭독회, 작은 음악회

책같이 읽기, 저자와의 대화 등이 이루어진다고 했다.

책은 종류가 많지는 않으나

문학, 철학, 예술, 과학, 환경, 영어 등의 책이

차분하게 제법 구비되어 있었다.

2018년에 문을 열었기에 회원 카드가 꽤 많았고,

열 권을 구매할 때마다 소정의 선물이 나간다고 했다.

(책 할인은 없고…)

코로나 기간에는 책방 운영이 무척 힘이 들었으나

이제 활기를 찾고 있는 중이라고 하여 나까지 응원을 하였다.

이렇게 다시 책방이 많아지길 나 역시 바라는 마음이다.

요즘 읽고 있는 책이 많고 읽을 책이 넘치고 있으나

책 세 권을 사 들고 나왔다.

1. 피아노 솔로 글렌 굴드, 미셀 슈나이더

슈만의 정신적 아픔을 다루었던 <내면의 풍경>의

저자 미셀 슈나이더가 쓴 책이라 반갑고 호기심이 당겨 선택함

2. 음악의 기쁨 4 오페라 편, 롤랑 마누엘

음악에 관한 인터뷰集인 이 책을 세 권 읽었으나

오페라 편만 계속 미루고 있다가 결국 잡아옴.

3. 마르셀 프루스트 단편선 <밤이 오기 전에>

청년 프루스트의 미발표 소설 국내 최초 출간이라고 함.

얇아서 좋았음.

이렇게 세 권이다.

참고로, 서점 주인은 아주 친절한 여자분이다.

클라라와 태양을

출처: 네이버 이모티콘

소설 태양과 클라라.

가즈오 이시구로

민음사

클라라는 인공 로봇이다.

소위 AF(Artificial Friend)라고 한다.

인공 로봇 클라라는

로봇이 팔리는 상점에 진열되어 있다가

조시라는 소녀의 짝이 되었다.

조시의 집에 들어간 클라라.

클라라의 관점에서 써 내려간 소설이다.

조시는 몸이 아픈 소녀.

클라라는 태양의 광선으로 충전이 된다.

이들이 펼치는 이야기들에서 클라라는 감정을 동원하여
인간을, 자기 자신을 표현한다.

조시에게 충성하면서
그녀의 진정한 친구로 그 임무를 다했지만
조시가 대학을 가면서
클라라는 야적장에 버려지는데
감정이 있는 클라라가 결국 에이 에프(AF)라는 사실에
마음이 짠해지면서 책이 끝난다.

가즈오 이시구로는
소설 <남아있는 나날>로
소설가 한강 때문에 전 국민이 알게 된

맨부커 상을 받았고

2017년에 노벨상을 받았다.

노벨상 이후 첫 출판된 책이 <클라라와 태양>이다.

소설 클라라와 태양!

미래에 흔하게 사용될지도 모르는 인공지능 로봇.

거기에 섬세한 감정까지 넣은 클라라가 말하는

인간과의 관계.

이 문제를 아주 담담하고 차분하게 가즈오 이시구로는

말하고 있었다.

하나 덧붙이자면

소설의 제목을 <조시와 클라라>라고 하지 않고

태양을 집어넣었을까 하는 부분에서 의문이 들었는데

태양은 자연과 철학을 의미하지 않았을까 싶었던 점이었다.

아울러 태양이 전지라고 함은

인간이 자연에서 혜택을 많이 받는 것을 은유로

상징하지 않았을까 싶었다.

이 책을 작년 말에 잡아왔고 그때 바로 시작했는데

이제서야 끝을 맺었다.

이 책의 문체와 문장은 <남아있는 나날>처럼

단아하고 차분했다.

문장, 단어 하나도 버릴 것이 없었다.

오랜만에 소설을 매우 흥미롭게 읽었다.

슈만, 내면의 풍경

미셸 슈나이더의 책, <슈만 내면의 풍경>을 가지고
음악회를 했다.
책이 불러주는 노래다.
문화예술 복합공간인 '순화동천'에서 진행되었다.
사회와 낭송에는 피아니스트 구자은 선생님.

슈만의 가곡과 피아노곡이 슈만의 내면을
투영했던 곡이라는 것을 알았다. 미르테의 꽃의 노래 몇 곡이
어제는 처연함과 고독으로 다가왔다.

음악회가 관객과 가까워서
유럽의 살롱이라 연상하면서 감상했다.

그나저나 슈만이 바라보던 내면의 풍경이 궁금하다.

올더스 헉슬리의 영원한 철학, 독서 토론회

올더스 헉슬리의 책, <영원의 철학> 독서 토론회.

서촌의 '헤르만의 정원'에서 진행되었다.

말러 카페의 회원 다섯 명과 함께 했다.

나는 며칠 전까지 근 한 달이 넘게

<로마인 이야기>를 잡고 있던 터라

다른 어투의 이 책을 읽어내기가 쉽지 않았는데

모인 분들의 소감을 들으며 수강료가 비싼

족집게 과외를 받는 느낌을 떨칠 수가 없었다. 어찌나 좋던지…

올더스 헉슬리의 이 책은 우리의 영혼을 위한

잠언집이라고 할 수 있는데 책의 분위기는 조금 다르지만

갈리마르 출판사의 오랜 편집장을 지낸

로제 그르니에의 <책의 맛>이 연상되었다.

둘의 공통점은 인용구가 많다는 것이었다.

독서 토론회를 마친 후에, 서촌의 <소꿉놀이>에서
와인과 함께 하는 뒷풀이 자리를 사실 나는 더 즐긴다.

닉센, 아무것도 안하기

…고요함이 흐른다, 단지 형태가 없을 뿐

태풍이 불기 전 고요함이 흐른다,

그러나 그곳에는

귀가 듣지 못하는 소리가 들리는

그런 고요함이 흐른다.

- 마르티뉘스 네이호프의 시 <시간이라는 당신> 중에서 -

정독도서관 주변에서

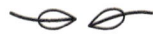

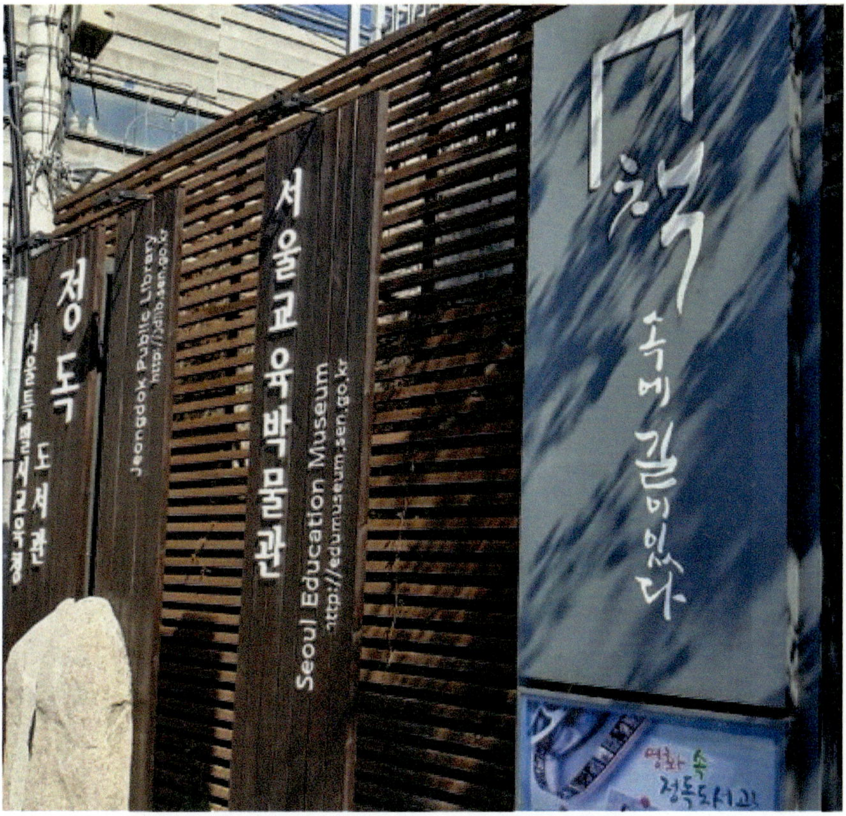
정독
도서관
서울특별시교육청
Jeongdok Public Library
서울교육박물관
Seoul Education Museum
http://edumuseum.sen.go.kr
책 속에 길이 있다

정독도서관 입구와 그 주변.

변월룡 전시회에 가려는 길에 마주하게 되었다.

도서관 입구를 보면서 골목이 있길래 들어가 보았는데
그곳 깊은 데까지 올망졸망 작은 상점이 있었다.

그 골목의 어느 집에서 고3 때 잠깐 하숙을 했다는
아이들 아빠의 추억은 참으로 많이 변질된 모습이어서
잠시 안타까웠다.

정독도서관 역시 옛 교정의 추억을 지닌 사람들에게는
다소 회한이 들 수 있을 것 같았다.

거기에 이곳은 조선 시대에 그림을 그리는 화원이 있던 곳이다.

나는 이곳을 잠시 지나가면서 Heritage의 진정한 의미는
과연 무엇인가… 하는 명제를 떠올리게 되었다.

그러면서 더 나아가 그리스의 곳곳에 널브러진 돌덩이,
쓰러져 있는 신전의 기둥이 머릿속을 스쳤다.
5천년, 3천년, 2천년이 되었다고 말하는 그 돌들이
나에게 잠시 다가왔다.

내가 좀 흥분해서 거창하게 나갔나?

다시 무서록을

집에 있는 책, 그리고 10년 전에 읽은 책,

<무서록>을 다시 꺼내어 읽었다.

김연수의 장편소설,<일곱 해의 마지막>을 읽으며

백석이 상허와 대화한 내용이 들어 있어

나를 이 책으로 소환시켰다.

짧게 짧게 쓴 수필집이다.

주변의 이야기와 사물들,

그리고 책에 얽힌 글과 백석의 가족 이야기가 들어 있다.

또한 막심 고리키, 생텍쥐페리, 톨스토이, 도스토예프스키

등이 언급된 것을 보면서 이 당시에 한 빼어난 문인인

이태준을 생각해 보게 되었다.

한꺼번에 다 읽었지만 이 책은 가까이에 놓고

마흔다섯 개의 수필을 하나씩 음미해도 좋을 것 같다는
생각이 들어서 주방 근처에 당분간 놓고 있으려 한다.

상허 이태준은 월북을 한 작가였기에
한동안 그의 <무서록>을 볼 수 없었는데
이 책이 범우사에서 1993년에 재발간되었다.

철원 태생이나 일찍이 부모님을 여의고
서울로 올라와 휘문고보를 졸업하고 일본으로 유학을
떠났던 문인이다.

성인이 되어 서울에 살 때에 성북동이 그의 집이었기에
수필에도 성북동 근처의 이야기들이 꽤 나온다.
성북동에서 바라보는 성곽 등…

지금은 그곳이 누구의 소유인지는 몰라도
전통 찻집, <수연산방>으로 운영되고 있다.
성북동 간송미술관에 갈 때에 수연산방을 가곤 했는데
올해는 한 번도 못 갔다.

피천득의 <인연>과 더불어 이태준의 <무서록>은
앞서 수필을 쓰신 멋진 분들이라 생각하고
두 책이 내게 가까이 있음에 감사한 마음이 든다.

무서록!
이 책 덕분에 막심 고리키의 소설, <어머니>를
꺼내 들었다.
긴긴 겨울밤에 딱 좋은 소설이라 생각된다.
책을 읽으면 그 내용에 꼬리를 물고 또 다른 책을 찾게 된다.

나는 이 게임이 싫지 않다.

보키가 나가자고 자꾸만 치마 끝에서 끙끙거린다.

산책이나 한번 다녀와야겠다.

최고를 바라고

안정된 삶을 바라는 그 모든 것이 과연 인생을 살아가는데

합당한지…

자꾸만 되짚어 본다.

IV
나에게 선물을 준다

2년 반이 된 스킨답서스

양재동으로 이사를 오자마자

집 근처에 있는 꽃시장에 갔었다.

거기서 생화를 샀는데 그건 아무래도 오래 보기는 어려웠다.

그래서 좀 더 오래 볼 수 있는 식물을 몇 점 샀다.

그중 하나가 스킨답서스인데

이 식물은 일주일에 한 번 물을 흠뻑 주면

잘 자라 주었다.

사진은 2년 반이 된 스킨답서스인데

나는 물을 줄 때마다 고맙고 예쁘다고 말을 해 준다.

그래선지 무럭무럭 잘 자란다. 대견하고 신통하다.

그리고 우리 가정에 청량감을 준다. 그래서 더욱 소중하다.

보라색 우선국(Aster)

늦가을이다.

낙엽이 하루가 다르게 쌓여 간다.

거기에 가을꽃이 나날이 시들고 있다.

그런 중에 아스타 국화라고도 하는 우선국은

보라색의 꽃잎을 여전히 뽐내고 있다.

작고 앙증맞은 꽃잎과 풍성한 녹색의 잎이

너무나 사랑스럽고 아름답다.

가을 오래도록 보라의 향기를 간직하고

이렇게 피어 마음을 즐겁게 해준다.

자연은 색깔도 고운 이 꽃을 우리에게

선물 해 주는데

우리는 그들에게 무얼 주고 있을까…

학예발표회에서…

중학교에 들어가니 정서 함양의 일환으로
전교생에게 바이올린을 무상으로 가르쳐 주었다.

음악에 관심이 많은 나는 이게 웬 떡이냐 싶었고
나름 큰 관심을 가지고 열심히 배웠다.

그렇게 하여 한 학기를 보냈는데
2학기가 되니 곧 발표를 한다면서
나에게는 새로운 악기인 첼로를 해보라고 하였다.

첼로는 바이올린보다 낮은 한 줄이 있었고
바이올린의 가장 높은 E현이 없었으며
운지는 바이올린보다 폭이 넓게 소리를 내야 했다.

그러나 음이 단조로운 것 같았다.

깊은 맛은 그때 잘 느끼지 못했다.

두어 달 정도 첼로를 배웠는데
어느덧 발표의 시간이 돌아왔다.

이름하여 '꽃송이 자랑둥이들의 연주회'

이바노비치의 다뉴브강의 잔물결과
베토벤의 미뉴엣을
바이올린과 첼로로 합주를 했는데
얼마나 못했을까…

지금 생각하니 공연히 얼굴이 붉어진다.
이러한 추억이 있기에
오늘에 이르기까지 내가 음악을 사랑하고

음악에서 위로를 받으며

세월을 보내온 것 같다.

나에게는 귀한 사진 한 장.

사진에 담긴 작은 추억이 떠오르는 이 아침

마음이 푸근해져 살짝 미소를 지어본다.

가을, 낙엽 그리고 사랑

오늘 아침 산책길에

누군가 단풍 낙엽을 모아 이렇게 예쁘게 해놓고 갔다.

플라타나스, 은행, 단풍 등이

시민의 숲과 공원에 낙엽으로 계속 쌓이고 있는

깊은 가을이다.

연일 사건 사고가 끊이질 않아

마음이 슬프고 힘이 드는데

하트의 낙엽이 잠시나마 기쁨과 위안을 준다.

사계가 있는 우리나라가 감사하고

그래서 사계절의 풍경과 나무와 꽃이

귀하게 여겨진다.

그러나 한편으로는

지구온난화로 우리나라의 과실수의 분포도가 달라지며

아열대 과일이 우리 땅에서도

재배에 성공한다는 소식을 종종 듣는데

이는 모두 두렵고 슬픈 이야기들이다.

낙엽을 보면서 점점 짧아지고 있는 가을이

서운하기만 한 건 나만의 생각일까?

그래도 오늘 만난 하트 모양의 단풍 낙엽이

예쁘고 고맙기만 하다.

몇 시간이라도 그 자리를 지켜줘!

뜻밖의 선물

나의 유년 시절에 이웃에 살았던
영란 언니(연극연출가 최강지)는
고등학교를 졸업하고 단추 가게 점원, 피아노 전공을 한
언니가 하는 피아노 학원 강사 등을 하다가
홀로 파리로 건너가서 드라마를 공부하고 돌아와
연극판에서 연출을 했다.
꽤 여러 작품을 무대에 올렸는데,
우리나라 전통극으로 배뱅이굿을 각색한 배비장전이 유명하고,
외국 작품으로는 헨리 밀러의 북회귀선과 남회귀선이
사람들에게 좋은 반응을 받았다.
언니는 프랑스에서 공부하였기에 몰리에르, 라신을 좋아하고
희극, 비극을 모두 심도 있게 철학적으로 풀어주었다.
그런 언니가 70세가 되자 명륜동의 서울살이를 접고
합천으로 내려가 빈자(貧者)의 삶을 철저하게
고수하며 살고 있다.

가끔 통화를 길게 하는데 언니와 나는

서로의 개똥철학을 신나게 설파한다.

이러한 영란 언니가 어제 단호박과 감자를 한가득 보내주었다.

최근에 감자값이 비싸거니와 이 감자는 분(粉)이

많아 그런지 포근포근하다.

요즘 집밥을 꽤 해 먹는 나에게 아주 소중한 합천의 소출들이다.

또한 세련된 손글씨의 정겨운 편지가 동봉되어 있었다.

그리하여 감사하고 행복한 아침이다.

또한 감자 부자가 되어 신이 난다.

꽃무릇

어제와 오늘, 드디어 동네에서 만났다.

재작년에 인근에 있는 초등학교 뒤뜰에서 한 그루씩 띄엄띄엄
핀 꽃을 보았는데 작년에 못 봐서 무척 서운했던 기억이 있다.

그런데 올해에 이렇게 보게 되니 정말 기쁘다.
와우!

2000년 초에 교토 청수사에서 처음 본 이후로
고창 선운사, 김제 금산사에서 아름답게 군락을 이룬 장관을
감상했는데 이제 서울에서도 이리 볼 수 있다니
반갑기 그지없었다.

고혹스러운 꽃무릇은 꽃대가 올라오면 먼저 꽃을 피우고
그 꽃이 시들면 뒤늦게 잎이 난다고 하는 조금 특별한 점이 있다.

꽃무릇

그래

먼저 꽃부터 피우자!

공연히 미안한 마음이 든다.

누구에겐가 미안한 일이 있는 것 같은데…

흑백 사진과 커피

예술의 전당 안에 있는 카페 테라로사에서
음악회를 기다리며 책을 읽고 있는데
지인을 만나게 되었다.

그녀에게 차를 한잔 대접하였더니
언제 찍었는지 흑백사진을 보내주었다.

책과 커피가 있는 가운데 핸드폰을 들여다보고 있는
내 모습이 마음에 들었다.

나는 사진 찍기를 그리 좋아하지 않는다.

그래서 사진마다 늘 어색한 모습이라 썩 내키지 않는데

이번의 이 사진은 자연스럽고 괜찮았다.

오랜만에 만난 좋은 모습이라고 생각한다.

더구나 흑백의 모습이라서 운치가 있고

서정적인 느낌이 강하게 들었다.

음악회를 기다리며 우연히 벗을 만나 이러한 모습을

보는 것은 행운이라고 여겨진다.

이 사진을 그 자리에서 받고 보니 커피 맛까지

더 향기롭고 은은하였다.

포니 2 픽업

포니는 승용차가 대부분이었으나

우리 동네에 있는 포니는 픽업이었다.

이 자동차는 1974년부터 생산을 시작하여 1990년에

단종되었다고 하는데 동네에서 만난 이 차는

외장 상태가 좋았고 실제 사용을 한다고 했다.

각 가정마다 마이카 시대를 만든다고

어느 대통령인가 큰소리치던 때가 있었다.

어언 40년이 더 지난 이야기이다.

그런데 지금은 자동차가 넘쳐 나서

주차가 어렵고 교통 체증을 종종 경험한다.

게다가 차량에서 뿜어지는 매연이 환경에

큰 영향을 미치고 있다는 분석이 종종 발표되곤 한다.

이러한 세상에 포니가 아직도 있고 사용이 된다는 것에
놀랍고 신기하였다.

자동차 색깔이 예쁘고 괜찮아 보인다.

흘러간 오래된 것을 만나면 반가운 것이 왜일까?

까페에 앉아 다 식어버린 블랙커피를 마시며 곰곰이
생각해 본다.

낙상홍

미니사과꽃이라고도 부른다. 그런데 낙상홍이라고…!

한강시민공원 성수대교에서 동호대교 사이에 있는

보행자 도보에 피어 있다.

무척 어여쁜 꽃이다.

벚이 꽃잎을 흩날리고 있어도 이들은 끄떡 않고 잘 버티고 있다.

지난 주중에 우리 집 강아지 보키를 데리고

양재천, 탄천 유수지, 청담교, 영동교를 거쳐 걸어갔는데

무려 4시간 20분을 소요하였다.

보키가 걷기 기록을 세운 날이다.

완전히 무리하였으나 꼭 보고 싶었던 꽃이기에 기분이 좋았다.

연푸른 잎들이 싱그러운 날이다.

유럽풍 앤티크 전문점

그저께 월요일에는 가끔 가는 <앤틱반>에 갔었다.

그곳에서 봉사하는 지인을 만나러 갔고
아주 오랜만에 얼굴을 보는 자리였다.

가끔 카톡으로만 오가다가 대면을 하고 앉아 있으니
참으로 좋았다.
점심까지 얻어먹고 왔다.
그간의 서로의 근황의 나누고
나는 앤틱반의 상품을 돌아보았다.

정교하고 아름다운 드레스덴 피겨린,
마이센 도자기 그릇, 유럽의 크리스탈,
은기 등이 눈에 먼저 들어왔지만
요즘 이곳 앤틱반의 대세는 앤틱 모자와 장신구 악세사리다.

모자는 하나씩이지만 나름 찾는 수요가 있어
신경을 많이 쓰는 부분이라고 하고,
브로치와 목걸이 팔찌 등은 문을 연 초기부터 지금까지
꾸준하게 사랑을 받고 있는 아이템이다.

그렇게 크지 않은 공간이지만 앤틱 소품들이 가지런하게
많이 있는 편이고 잘 손질이 되어 반질반질 빛이 났다.

빈티지 제품이 자리한 공간이지만 역사성이 느껴질 정도였다.

2002년에 문을 열어 현재에 이르도록
많은 물건이 팔려나갔고 지금도 꾸준하게 사랑을 받고 있다.

이는 물건을 골라오는 안목, 단골손님의 확보 등으로
그렇게 된 것이지만 하나 더 보태면 교양이 넘치고 차분한

김매니저님이 있기 때문이라는 생각이 들었다.

요즈음에 장사가 어렵다고 하고 가게들이 못 버티고 있는
상황이 많은데 이곳 <앤틱반>은 오래도록 같은 자리에서
묵묵하게 그 진가를 발휘하고 있어 참으로 고맙기까지 하였다.

이태원도 아니고, 도곡동에 있는 것도 아니건만…
(그 두 곳은 앤틱상점이 많다.)

바흐의 파르티타가 흐르는 곳이라 그런지
앤틱&빈티지의 상품들에서 반사되는 빛들조차 깊은 맛이 난다.

어느 곳에 있든지 성심성의를 다하면
아름다울 수 있다는 것을 이곳은 증명하고 있다.

오랜 인연

서울방송, SBS에서 만난 첫 프로그램은
<그대 이름은 여성>이었다.
여기에 첫 MC는 민창기, 김자옥 선생님이었는데
두 분은 이미 고인이 되었다.
김자옥 선생님이 드라마 쪽으로 가면서
후발 MC는 성우 송도영 선생님이 모셔졌다.

거기에 왕 작가는 남희 선배님.

우리는 방송을 끝내고 종종 뭉쳐서 밥을 먹고
이야기꽃을 피웠다.
왕 PD, MC, 작가, 리포터인 나까지…

예술, 영화, 그 당시 잘나가는 인물 등이 화제의 소재가 되었다.
그 소재들을 이야기하면 언제나 재밌고 유익했다.

그렇게 한 5년 정도 보내고 또 시간을 보내다 IMF가 왔고

그것은 방송에도 영향을 끼쳐서 방송은

타이트하게 개편이 되어

우리 이 조합은 잘 만날 수 없게 되었다.

그래도 가끔씩 만나며 살았다.

또한 각자의 일에 집중하며...

그러다 올여름에 다시 뭉쳐 이제는 자주 보자고 서로 제안했다.

지난번 만남은 그 두 번째다.

나는 막내라 연락병을 하기로 했다.

떨어져 있던 기간도 길었건만

우리는 바로 다양하게 이야기가 이어지며

보이지 않는 어떤 공통분모가 있다는 느낌이 들었다.

아마도 방송 때문이지만 그것보다는
각자 예술적인 부분을 열심히 파고 들어 연구하고
공부를 하고 여기까지 왔기 때문이리라.

내가 모든 면에서 모양은 빠지지만 나름 듣고
수용하는 능력이 그간 어지간히 키워져서 그런지
매번 잘 청취하고 있다.

옛 인연.
이런 인연이 참 소중하게 느껴지는 아침이다.

골목길 나무 벤치

이곳 양재2동은 빌라라고 말하고
연립주택이라 쓰는 집이 대부분이다.

아파트라고 해도 거의 한 동으로 이루어져 있다.
그래서 골목길이 유난히 많다.

큰 블럭은 격자, 그러니까 바둑판이지만
내부에는 가다가 막히는 곳이 꽤 많이 보인다.

어찌 그리 속속들이 잘 아냐 하면
강아지를 데리고 산책을 하기 때문이다.

아직은 내가 거의 주도를 하나
때로는 보키 녀석이 가는 대로 따라가면서
동네 골목을 죄다 누비게 되었다.

그중에서 위의 사진의 골목은

주택의 담장을 없애고 만들어진 꽃길이며

사람, 자전거, 오토바이가 다닐 수 있게 해놓았다.

언제 이렇게 되었는지 몰라도

꽤 괜찮은 아이디어이고 지금 잘 쓰이고 있다.

나무가 우뚝우뚝 서있는 가운데,

꽃들이 심겨져 있는데

그 꽃들은 나에게 있어 옛 추억과 향수를 불러일으킨다.

분꽃, 족두리꽃, 맨드라미, 수레국화, 채송화 등이 있는데

어릴 때부터 보던 꽃이어서 그렇다.

좀 촌스러운 꽃이라고도 볼 수 있는데

그 촌스러움이 참으로 정겹다.

꽃에도 나름 유행이 있어

이런 꽃들은 꽃시장에서 찾아보기 힘들고

일부러 꾸며 놓은 화단에도 그리 없는 편이다.

그래서 신기하고 오히려 귀하게 생각되었다.

봉숭아도 있었는데 꽃이 많이 시들어 찍지 못했다.

특히, 분꽃의 노란색과 꽃분홍색의 교접은

새삼 재밌고 예뻤다.

나는 이 골목길이 마음에 들어

하루에 한 번은 일부러 지나다닌다.

나에게 선물을 준다

올해는 나에게 큰 선물을 많이 준 것 같다.

일단 여행을 여러번 했고,
음악회 역시 틈틈이 다녔고 또한 부지런하게
영화와 책도 보고 읽었다.
이러니 큰 선물을 받았다고 할 수밖에 없다.

그러나 슬프고 만만찮은 일도 꽤 많았다.

사랑하는 친정 여동생이 뇌에 있는 종양을 제거하는
수술을 받았으나 아직도 병상에서 투병 중에 있고,
친한 대학 동기 남편의 폐암이 심각하여
수술도 못하고 표적 치료를 받고 있다.

이들을 위해 끊임없이 기도하고 있지만 차도가 쉽지 않다.

한 영혼을 위로하고 다독여주느라 고단한 하루

아침 일찍 일어나 걸으며 그 영혼을 자꾸만 생각한다…

견딜 수 없는 두려움과 자신 없음에 한없이 슬퍼진다.

인생에서 나에게 선물은 무엇일까.

맨드라미 홀로 피다

3년 전 강릉의 허난설헌 기념관 담벼락에
홀로 자라고 있는 맨드라미를 보았다.

흙벽 아래 땅에 씨가 박혀서 이렇게 핀 것이다.

좋은 꽃밭을 만들어 미리 계획을 하고
심은 꽃도 다 예쁘지만,
이렇게 생각지도 못한 곳에 핀 꽃도
예쁘고 귀했다.
허날선헌이 다시 태어난다면 저다지
자태가 꼿꼿하고 어여쁠까?

진흙을 바른 벽에 핀 맨드라미는 잎과 꽃이
마치 한 편의 작품 같았다.

이 꽃을 보면서

내년에도, 후년에도 그 자리에 다시 피우길 바라본다.

꽃에게 인사를 건네고 발길을 옮겼다.

봄의 전령사 매화

3월 초순이다.

바깥 볕이 완연하게 봄의 향기를 품고 있다.

봄 날씨는 변화무쌍하여 꽃샘추위가 오기도 하고

바람이 불면 겨울처럼 쌀쌀해지기도 한다.

봄의 전령사, 매화가 혹시 피었을까?

문득 작년과 재작년에 보았던 매화나무가 떠올라

근방을 찾아갔다.

그랬더니 거의 흰색에 가까운 가녀린 꽃잎이

벌써 화사하게 피어 있었다.

너무도 반가워 매화나무에게 말을 걸었다.

꽃이 피어 기특하고 사랑스럽고 감사하다고…

매화를 보니 내 기분도 좋아지고

움츠러들었던 어깨가 펴지는 느낌이 들었다.

보키와 강아지 해외입양

우리 집 강아지 보키가 8개월이 되었을 때의 모습이고
또 다른 강아지는 만디리라는 이름의 골든 리트리버.

보키와 산책할 때에 만디리를 만나면
상당히 잘 놀았다.

그러므로 만디리 견주와도 간단하게 이야기를 나누곤 했는데
만디리가 곧 미국 LA로 입양을 간다는 것이었다.

어떻게 그런 결정을 했냐고 물어보니 임시보호를 하고 있는
상태고 입양이 결정된 상태에서 보호를 맡았다고 했다.

비행기 표도 이미 끊었고 만디리 건강 검사도
마친 상태라고 하여 마음이 짠했고 많이 슬펐다.
그래서 그런지 만디리의 눈망울이 아련하고 안쓰러웠다.

강아지 해외 입양을 이때에 처음 알게 되었는데
얼마 전에 방영을 했던 <캐나다 체크인>이 강아지
해외 입양에 대한 프로그램이었고
가수 이효리와 그의 동료가 해외 입양을 한 강아지를
다시금 만나는 내용을 보게 되었다.

반려동물을 기르는 일은 재미있고 좋은 일이지만
세심한 주의와 노력, 정성이 필요함을
데리고 살면서 절실하게 느끼고 있다.

특히 진도 종은 집안에서 배설 활동을 하지 않기에
산책을 많이 시켜야 해서
시간을 들이고 수고를 해줘야 하는데
같이 지내면서 정이 들어 그리 부담스럽지 않은 편이다.

그러나 강아지 해외입양은 보키의 8개월 차에

처음 들었던지라 큰 충격을 먹었다.

강아지를 들여온 뒤에 파양은

사람이나 강아지에게 힘든 일이다.

강아지가 주는 기쁨과 더불어 의무도 있다는 사실을

되새김해본다.

오늘도 나는 강아지와 아침 산책을 나간다.

아티스트의 영감과 나의 단상

'20세기 디자인의 아이콘'

아킬레 카스티글리오니 전시회에서는

간결하고 세련된 디자인의 생활용품이 많다.

말의 안장에서 영감을 얻어 만든 의자,

기차역 시계를 보고 만들었다는 손목시계 등…

사소한 것을 그냥 넘기지 않고

디자인에 반영을 하여

실용화한 많은 작품과 용품을 보며

참으로 대단하고 훌륭하단 생각이 들었었다.

아티스트의 영감!

그것은 비단 카스티글리오니 일가 외에도

많은 아티스트, 즉 예술가들이 수없이

떠올리고 그들의 작업에 반영했을 것이다.

***

3월 말부터 민들레가 띄엄띄엄 자리하여
노란 꽃을 피우더니
어느새 지난 주부터는 씨앗을 맺고 있었다.
그것도 이번 주는 꽃대에 붙어있지 않고
많이 흩날리고 있다.

민들레의 씨앗을 보고 만들었다는
아킬레 카스티글리오니의 전등이 떠올라
오늘 새벽은 민들레의 홀씨를 포착했다.

누구에게나 자연을, 사물을 예사로 보지 않는 눈이 있을진대

아티스트가 예리한 눈과 영감으로 만들어낸
작품들에 늘 감탄을 한다.

정말 비슷하지 않은가…

책도 날이 있다

지난 토요일인 4월 23일은
책의 날이자 저작권의 날이라고 한다.

이날은 영국의 대문호 셰익스피어가 태어난 날이자
동시에 죽은 날이기도 하다.

언제부턴가 나의 생일이면 이야깃거리로
셰익스피어의 생일을 곧잘 들추어내곤 했다.

그리고 누군가 또 다른 대문호가 이날 죽었다는 것을
어디서 들었는데 바이런일까 예이츠일까…
하다가 결국 그 대문호를 못 찾고 이제까지 지냈다.

그런데 이번에 <돈 키호테>를 읽으며 미겔 데 세르반테스가
4월 22일인지 23일에 죽었다는 것을 알게 되었다.

오호라… 이 대문호를 찾으려고 했던 시간이 참 오래 걸렸는데
이제야 알게 되었네. 무려 30여년 이상 걸려 알아냈다.

그렇게 두 사람을 기념하여 4월 23일이 세계 책의 날로,
저작권의 날로 정해졌다고 한다.

세르반테스를 찾느라 오래 걸렸지만 재미있는 사실이었다.

23일 저녁에는 음악 선물까지 잘 받았다.
게다가 나폴레옹제과점에서 만든 케이크를 선물 받아
당일 아침에 가족과 잘라서 먹었는데 입에서 살살 녹는
생크림과 그 안의 빵이 무척 부드러웠다.
비싼 것이 흠이지만 나폴레옹제과점의 케이크는 역시
맛이 아주 좋았다.
행복하고 달콤한 날이다.

식탁을 얻었다

그간에 썼던 식탁의 폭이 좀 아쉬웠지만

꽤 오랜 기간 그럭저럭 써 왔다.

이번에 바꾸려 고민하다가 그냥저냥 쓰기로 하였다.

이사를 오게 된 것을 말하려고

친구, 영순에게 전화를 했는데

식탁 이야기가 나왔다.

영순 가족은 아이들이 혼인을 하면서

식구가 늘어 식탁을 바꾸었는데

쓰던 세트가 아직 남아 있어

어떻게 처리할까 고민 중이라는 내용이었다.

우리 집에 과할 것 같아 살짝 고민하였으나

내가 그 식탁 세트를 가져오기로 결정을 했다.

생각하지도 않았으나

얻어온 식탁은 우리 집 공간에 잘 맞았다.

살짝 아쉽긴 해도 집에서 쓰던 의자를 두 개 붙이고

6인이 앉아 밥을 먹을 수 있다.

식탁이 우리 집으로 온 다음날에

공교롭게도 아들 친구들이 오게 되어

손님을 잘 치렀다.

이 식탁은 우리 집에서 지금 큰 역할을 한다.

밥을 먹고 차를 마시며

나는 식탁에서 일기를 쓰고 책을 읽는다.

그리고 빨래를 개키는 용도로도 쓰고 있으며

음식 재료를 다듬는 판으로도 쓰인다.

식탁은 참으로 중요한데

친구에게서 얻은 식탁이라 든든하고 참 좋다.

동창들을 만나다

새벽부터 비가 많이 내렸던 어제

고교 동창들과의 모임이 있어 김포공항의 롯데몰에 갔었다.

1. 지리과 교사를 하고 명퇴하여

시립 부산박물관과 동아대 박물관에서 도슨트도 가끔 하면서 꾸준하게 자원봉사를 하고 있는 부산에서 온 혜경,

2. 야구로 유명한 인천 동산중에서 교사로 시작하여

교장까지 하고 정년퇴직을 한 똘똘이 선희,

3. 한글 서예(궁체)를 오래도록 써서 국전 초대 작가가 되었고

지금은 이야기 할머니로 봉사하고 있는 화신,

4. 그리고 나.

이렇게 넷의 자리였다.

점심시간에 백화점에서 만났는데 식당이 거의 다 분주하여
우리는 비교적 한산한 On the Border라는
멕시코 레스토랑에서 점심을 먹었다.

샐러드와 퀘사디아, 그리고 파히타만 시켰는데도
배불리 먹으며 이야기를 나누었다.

혜경이의 딸이 고미술 복원 전문가인데 이번에 십 년만에
문화재 수리 기술자(보존 과학) 자격증을 땄다고 하였다.
혜경의 딸 재연은 벽화 보존 처리가 전공이며
현업에서 분주히 뛰고 있고 박사과정까지 마친 상태다.
워낙 어려운 전문 자격증인지라 10년의 도전 끝에 획득했다고
하면서 무척 기쁘니 멀리서 온 혜경이가 밥값을 내겠노라고
하여 기꺼이 얻어먹었다.

선희는 요즘에 친정 어머니를 간병한다고 한다.
그간에 교직에 있으며 어머니 신세를 많이 졌던 터라
감사한 마음으로 돌봐 드린다고 했다.

그런 와중에 우리들에게 나누어 준다고
잘 아는 방앗간에서 밥을 해서 말린 미숫가루라며
세 봉지를 들고 왔는데, 빗길에 우산까지 받쳐들고
상당히 무겁고 힘들었겠다 싶어 감사히 한 봉지씩 받았다.

그리고 화신이는 한글 서예와 더불어 캘리그라피도
하는데 인사동에서 구입한 종이로 봉투까지 만들고
거기에 붓글씨를 쓴 편지 봉투를 나누어 주었다.
품위와 격조가 담긴 매우 훌륭한 봉투여서
받는 순간 마음이 뭉클하기까지 하였다.

이제 예쁜 카페로 옮겨 수다 한 판을 떨었다.

참으로 유익한 이야기들을 서로 나누며

시간 가는 줄 몰랐는데 어느새 저녁을 먹을 시간이 되어 버렸다.

롯데몰에는 필드의 유명한 식당이 많이 입점되어 있었는데

저녁은 오장동 흥남집에 가서 회냉면을 한 그릇씩 먹었다.

점심은 혜경이가,

커피는 선희가,

저녁은 화신이가 냈다.

나만 입만으로 다녀왔다.

나도 선물을 준비하였으나 비가 오는 핑계로

그냥 갔는데 친구들에게 대단히 큰 신세를 지고 오게 되었다.

우리는 모두 건강하자며 외치고 아쉬운 마음으로 헤어졌다.

고교 동창 선희, 화신, 혜경!

참으로 좋은 친구들이고 가끔 이렇게 만나도

어제 본 것처럼 살갑다.

우리는 서로를 진심으로 축하하였다.

나는 가끔 사탕을 만드는 꿈을 꾼다

누군가에게 잊혀지며 산다는 것은

달콤하면서도 씁쓰레한 사탕 맛 같은 것일까?

전설의 의상실

대학 시절에 돈 좀 있는 친구들은 충무로와 이대 앞의
의상실을 찾아 옷을 맞추곤 하였다.

그렇지 않으면 시장을 가야 하는데
의상실의 맞춤과는 다르게 여러군데 티가 많이 나서
옷을 잘 입는 친구들과 옷을 못 입는 친구들이
확연하게 차이가 났다.

그러나 지금은 옷을 사는 방법과
적정한 옷을 파는 가게가 다양하여
센스만 좋으면 옷을 예쁘게 입을 수가 있고
비싼 옷을 꼭 사야 하는 부담이 훨씬 덜 하다.
세상 많이 변했고 좋은 세상에 살고 있다.

그래서 어느새 양장점이 거의 다 사라졌고

의상 디자이너의 맞춤옷들이 아주 희귀해진 상황이 되었다.

그런 중에 전설의 의상실을 발견하였다.
무척 반가워서 와우! 하지 않을 수가 없었다.
거기는 이대 앞에 있던 유명 디자이너의 의상실이다.

이대 앞에 있을 때에는 정말 비싼 의상실이라
맞춤옷이 스타일이 좋고 멋스럽지만
어지간하면 갈 수가 없었는데
나는 운좋게 여기서 옷 한 벌 해 입었던 추억이 있다.

이곳은 남자 선생님이 디자이너이다.

지금도 가끔 맞춤옷을 짓고 있다는데
밀라노, 파리, 피렌체 등을 다니며

의류와 핸드백, 스카프, 구두, 액세서리 등을
수집하여 선보이고 있었고,
매장은 내가 좋아하는 식기가 즐비했는데,
로열 코펜하겐의 풀 레이스 라인과
독일 마이센 식기류, 프랑스 세브르의 식기들이
테이블에, 작은 식기장에 가득하였다.

거기에 바로크식 소파, 김우영 작가의 사진 작품이
매우 잘 어울리고 사랑스럽게 놓여 있었다.

그야말로 생제르맹 데 프레의 마르셀 프루스트, 에밀 졸라,
프레데리크 쇼팽, 프란츠 리스트가 나와서 담론을 펼치고
음악을 연주하는 고급 살롱 같았다.

아니면 뉴욕 70가 이스트 어딘가에 있는

고급스럽고 빈티지한 공간이 연상되기도 하였다.

프릭 컬렉션 근처의…

향수와 더불어 진한 자부심이 느껴지기도 하였다.

참으로 신선하고 전통적인 곳,

이곳은 리처드 프리드만의 책,

<렉서스와 올리브나무>에서 말하는 것처럼

개발과 보존의 두 마리의 토끼가 공존하는 곳이었다.

잠시 옛 생각에 잠겨 행복하고 기분이 매우 좋았다.

길상사를 가다

지난 금요일에는 여고 동창, 미정과 숙을 만나

홍제동 소담에서 점심을 먹고 길상사를 찾았다.

겨울의 길상사가 고즈넉하고 조용했다.

우리는 먼저 법정 스님의 추모 기념 건물을 찾았다.

평소 그분의 소박함과 정갈함이 그 기념관에

고스란하게 배어 있었다.

마음을 가다듬고 참배를 했다.

그리고 경내를 돌아보고 차를 마셨다.

서가와 함께 꾸며진 이곳은 도서관 휴게실 같은 느낌이었다.

미정은 온 가족이 휴스턴에 모여 신년을 맞았으며

팔에 나타난 반점들에 대해 담담하게

이야기를 건넸고,

숙은 가족 모두가 오랜만에 여행을 했는데

여행지가 이스라엘이라 하며

곳곳마다 깊은 감동을 받았다고 했다.

또한 모든 것들이 하나님으로부터 온 것이라며

철학적, 종교적 화두를 나누었다.

법당에서 이런 대화를 하는 것이

얼마나 자유롭고 좋은지…

광화문에서 10여분 거리에 이렇게 정취가 그윽한

사찰이 있다는 것이 매우 감사하게 여겨졌다.

길상사 앞까지는 많이 가봤으나

경내에 들어가서 돌아본 것은 처음이다.

눈이 푹푹 쌓이는 밤

흰 당나귀 타고 떠나버린 시인을

평생 그리워한 여인을 뒤로하고

이제 길상사에 봄이 오고 있다.

오래된 시계 수리점

손목시계를 좋아하는 나는 외출을 할 때에
반드시 시계를 착용한다.

시계가 손목에 없으면 불안한 마음까지 들고 있으니
마음의 병이 있는지도 모르겠다.

손목시계를 좋아하기에 몇 가지를 소장하고 있는데
구입하는 비용이 드는 것 외에 그것들을 유지하는 데
소소하게 비용을 감당하고 있다.

태엽으로 밥을 주는 시계는 분해 소지를 해줘야 하고
전지로 가는 시계는 약을 갈아줘야 한다.

그런데 이 비용이 만만치 않아 은근히 신경이 쓰인다.
이유인즉 백화점에서 주로 고쳤기 때문이다.

그러던 어느 날 지인과 시계 이야기를 하다가 남대문 시장에 있
는 시계 수리점을 소개받기에 이르렀다.

그 지인은 고가의 시계를 여러 점 갖고 있는데
집안의 모든 손목시계를 남대문시장의 수리점에서
손을 본다고 했고 오랜 기간에 걸쳐 단골로 다닌다고 했다.

남대문시장에 함께 갔고 시계 수리점에 찾아가
내 시계를 손을 보게 되었고
수리비가 저렴하고 신뢰가 가서 만족하고 왔다.

그 뒤로부터 나의 시계는 모두 그 수리점에서
맡아 주어 늘 말끔해졌다.

이제는 나의 가까운 이웃들도 그곳에 가서 시계를 맡기고 있다.

내가 마음에 들어 소개를 하니 다들 좋아하고

시계 건전지를 갈아도 그 값이 비싸 은근히 속상했는데

남대문시장의 시계 수리점을 만나 얼마나 좋은지 모르겠다고 한다.

내 안에 뿌듯한 마음이 올라온다.

꽃 미용실

머리를 자르고 파마를 한다.

간혹 머리를 혼자 손질하는 사람도 있지만

대부분은 다른 사람의 손을 빌려 머리를 만지게 된다.

머리 스타일은 사실 어지간한 패션 아이템 모두를

합친 것보다 더 중요할 수도 있다.

그래서 머리에 신경을 쓰지 않을 수 없는 것이다.

그런데 마음에 쏙 드는 머리를 하는 일이 어렵고

더구나 여러 가지로 흡족한 미용실을 만나는 일은

생각보다 쉽지 않다.

어디는 괜찮다고 소개를 받아서 가면 가격이 비싸고

또 어떤 곳은 순서를 기다리는 것이 힘들고

그런가 하면 미용실의 서비스가 마음에 안 들어서

기분이 찜찜해진다.

또는 화려한 미장원에 비해 솜씨가 별로인 곳도 있다.

나는 머리를 다듬는 일을 편안하게도 생각하지만

때로는 어디 좋은데 찾아서 오래도록 단골로 삼고

마음 편안하게 다니고 싶어질 때도 있다.

그래서 미용실을 자주 바꾸었다.

내 마음에 꼭 드는 미용실이 아직 없기 때문이다.

그런데 드디어 지난달에 마음에 드는 미용실을 찾았다.

시설이나 분위기는 참으로 뒤떨어지는 모습이다.

<응답하라 1994>에 나와도 될 정도로

아주 어릴 때 다녔던 미용실의 모습이었다.

이곳 미용실을 처음 찾은 날에는

미용실에 앉아 있는 분들이 거의 중년 이상으로 보였다.

이분들은 이곳이 대개 20년에서 30년을 다녔다고 한다.

중년부터 다녔으나 이제 세월이 지나

나이가 더 들게 된 것이라고 한다.

단골로 다니는 분들이 대부분이라니

실력이 있는 미용실이라는 것을 가늠케 했다.

소문을 듣고 소개도 받아 찾아간 미용실이었는데

기다리면서 보니

머리를 자르는 솜씨가 단번에 엽렵하게 느껴졌다.

안심이 되었다.

드디어 차례가 와서 의자에 앉았다.

처음 맡기므로 내 머리를 설명해 줬다.

머리통이 크고 뒤는 납작하며 앞머리가 쏟아져
내리는데 단발에서 조금은 변화를 주고 싶다고
주문을 넣었다.

그랬더니 미용실 원장님은 상냥한 모습으로
귀담아듣고는 머리가 적당히 숱이 많고 좋으니
그렇게 하라고 한다.

나는 적잖이 놀랍고 신선했다.
왜냐하면 미장원을 찾아가면 대개의 미용사들은
처음에 설명을 할 때에 전에 어디서 했는지
머리를 참 못했다고 하는 경우가 많은데
이분은 그런 것과는 사뭇 다른 분위기이었기 때문이다.

신뢰가 생겼다.

편한 마음으로 머리를 맡겼다.

숙련된 솜씨로 자르는데 괜찮은 느낌이다.

노인들이 많은 곳이라서 일명 뽀글이 파마만 잘하나 했더니

생머리 보브 단발도 흡족하게 잘 자른다.

예쁜 꽃들이 가게 안에 잘 자리 잡고 있는 논현동의 꽃 미용실.

잘 자를 뿐만 아니라 원장의 인성이 아주 훌륭해 보인다.

가격이 저렴한 편인데

이제야 단골을 찾은 것 같다.

나는 정말이지, 음식에 관해 자부심이 없거든.

음식에 관한 한

나는 너무 늦게 이제서야 조금이나마 철이 드는 것 같다

나는 이렇게 어리석고 느리다.

그러나 저러나…

오늘은 뭐 먹지?

재래시장 여행을 손꼽아 기다리며

해외여행을 다니면서 재래시장을 만나게 되면
그렇게 신이 날 수가 없다.
시장에는 그들의 삶이 고스란히 담겨 있고
생생한 그 어떤 것이 느껴지기 때문이다.

런던의 포토벨로 마켓, 앙티브의 재래시장,
두브로브니크의 라벤더 제품이 많았던 재래시장,
요요기 공원에서 만났던 유기농 채소 시장,
옹플뢰르에서의 올리브와 치즈를 파는 시장
비엔나의 나슈 마르크트 등...

시장에서의 땀과 노력이 삶의 역동을 엿볼 수 있어
흥미로웠고,
시장에 나온 상품들에 눈이 머물면 그 상품들이
그렇게 반짝일 수가 없었다.

또한 재래시장에는 먹거리가 꼭 들어가 있어서
체리, 납작복숭아, 레몬즙, 글뤼바인, 소세지를
사먹어 보기도 하였다.

그래서 여행 중에 재래시장에서 꼭 물건을 사게 된다.

재래시장은 푸근하고 따뜻한 정서를 지니고 있어
사랑하지 않을 수가 없다.

나는 또 어딘가로 여행을 한다면
재래시장을 만나길 소망하게 된다.

여행을 손꼽아 기다린다.

재래시장의 아기자기한 기념품과 먹거리가

오늘 이 시간에도 나를 유혹한다.

큼큼 보키가 먹을거 뭐 있나 두리번거려보는 것도 좋다.

두요 김민정 작품에서

나에게 선물을 준다

지은이 : 이인희
발행인 : 김선경
편집기획 : 나근희
편집디자인 : 이정연
펴낸곳 : 민들레나라(02-849-9426)
ISBN : 979-11-969123-3-8

이 책의 저작권은 민들레나라에 있으며, 무단전재와 무단복제를 금합니다. 이 출판물 내용 중 어느것도 자동화된 데이터베이스에 복제하거나 저장할 수 없습니다. 또는 전자적,기계적 혹은 복사와 같은 어떠한 형태로도 공개할 수 없으며 출판사의 사전 서면 승인 없이 어떠한 방법으로 공개할 수 없습니다.